Impressum
Verlag: BABADADA GmbH, Nedderfeld 112 , 22529 Hamburg
Geschäftsführer / Verlagsleitung: Harald Hof
Druck: Books on Demand GmbH, In de Tarpen 42, 22848 Norderstedt

Imprint
Publisher: BABADADA GmbH, Nedderfeld 112 , 22529 Hamburg, Germany
Managing Director / Publishing direction: Harald Hof
Print: Books on Demand GmbH, In de Tarpen 42, 22848 Norderstedt

school
baba

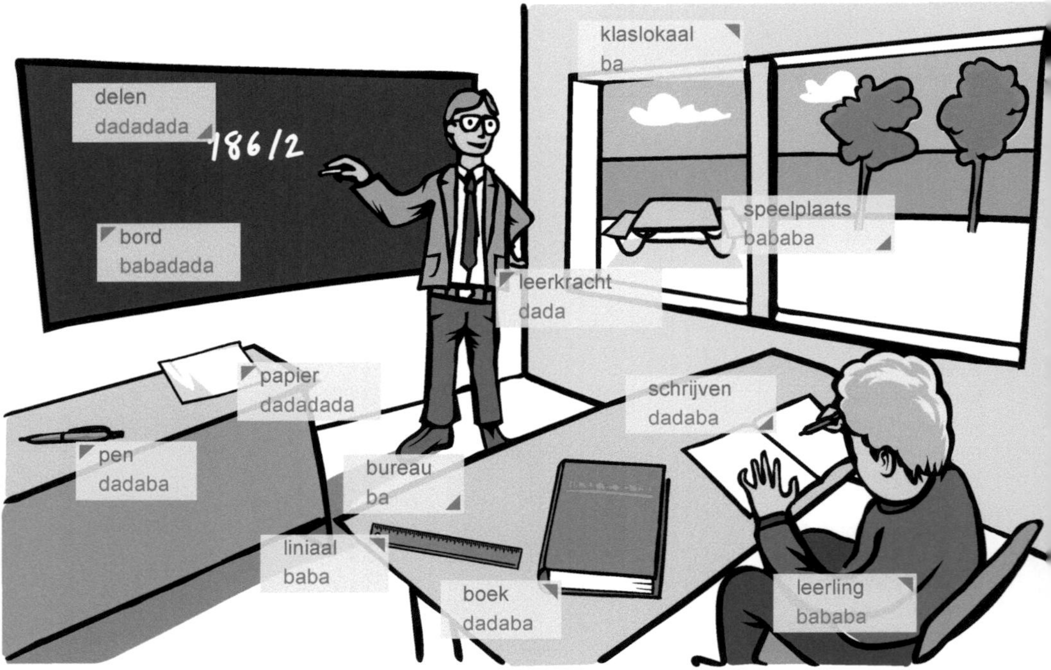

klaslokaal
ba
delen
dadadada
186/2
bord
babadada
speelplaats
bababa
leerkracht
dada
papier
dadadada
schrijven
dadaba
pen
dadaba
bureau
ba
liniaal
baba
boek
dadaba
leerling
bababa

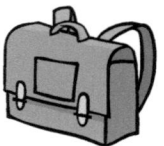

schooltas
dadaba

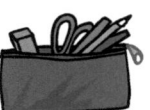

pennenzak
dada

potlood
bababa

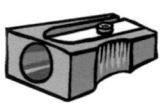

puntenslijper
dadaba

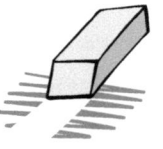

gom
baba

tekenblok
ba

tekening

bababa

verfborstel

ba

verfdoos

dada

schaar

babadada

lijm

dadaba

werkboek

dadadada

huiswerk

babadada

nummer

bababa

optellen

dadaba

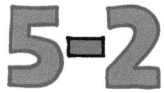

aftrekken

bababa

vermenigvuldigen

badada

rekenen

dadababa

letter

babababa

alfabet

babababa

woord

dada

tekst

babadada

Lezen

dadadada

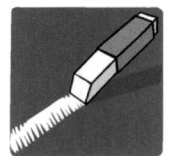

krijt

dada

les

babababa

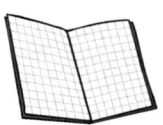

klassenboek

ba

examen

baba

certificaat

babababa

schooluniform

babadada

onderwijs

babababa

encyclopedie

dadababa

universiteit

babababa

microscoop

dadababa

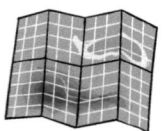

kaart

bababa

papiermand

babadada

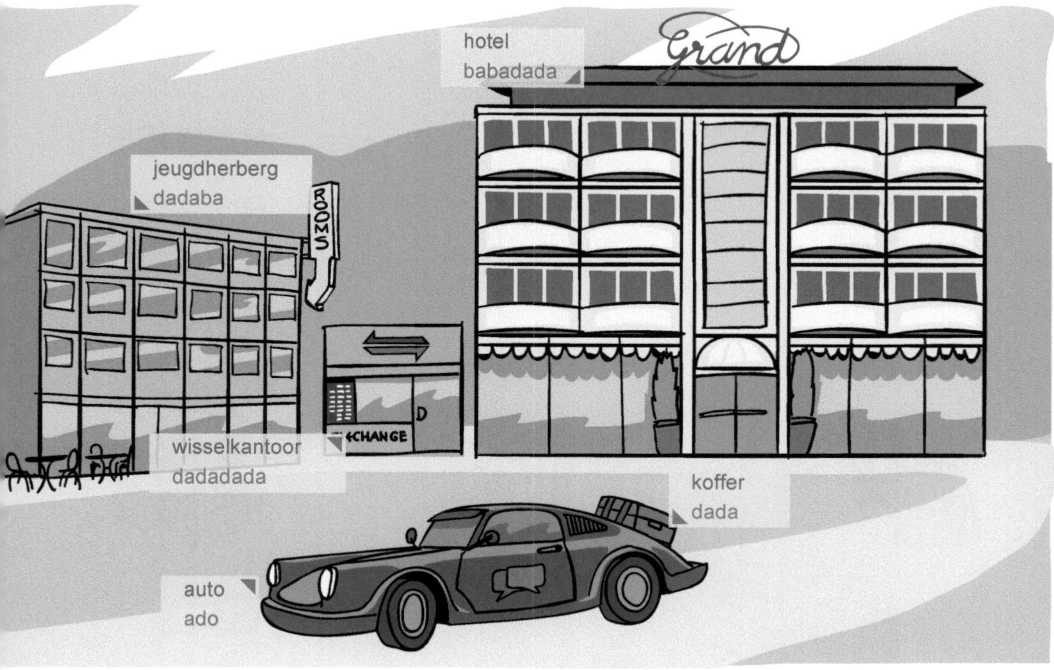
hotel
babadada
Grand
jeugdherberg
dadaba
ROOMS
wisselkantoor
dadadada
koffer
dada
auto
ado

Taal

dadadada

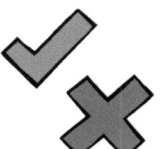

ja / nee

da / meh

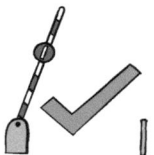

oké

Oh

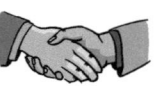

hallo

ba

vertaler

dada

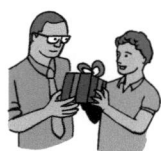

bedankt

dada

Hoeveel kost …?

babababa

Ik begrijp het niet

ah

probleem

dadaba

Goedenavond!

ba dada

Goedemorgen!

babadada

Goedenavond!

heia!

Tot ziens

dadaba

richting

badada

bagage

dada

zak

babababa

rugzak

babababa

gast

baba

kamer

dadadada

slaapzak

dadadada

tent

dada

toeristeninformatie
dadadada

strand
badada

kredietkaart
babadada

ontbijt
dadababa

lunch
baba

avondeten
bababa

ticket
dada

lift
dada

postzegel
babadada

grens
badada

douane
dadaba

ambassade
babadada

visum
dadaba

paspoort
dada da da da

transport
dadadada

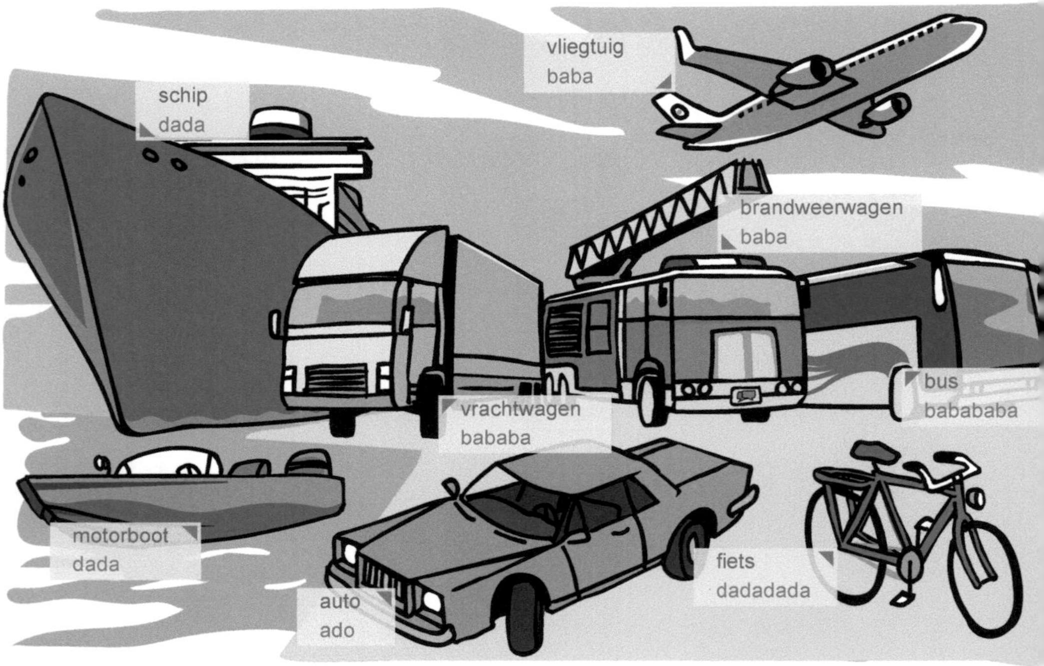
vliegtuig
baba
schip
dada
brandweerwagen
baba
bus
babababa
vrachtwagen
bababa
motorboot
dada
fiets
dadadada
auto
ado

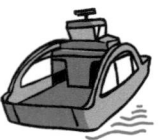

veerboot
babadada

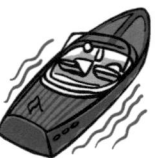

boot
baba

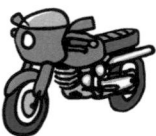

motor
bababa

politiewagen
ado

racewagen
ado

huurauto
auto

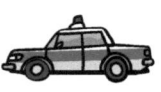

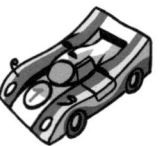

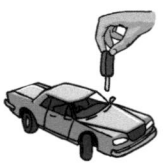

carpoolen
dada

sleepwagen
ado

vuilniswagen
ado

motor
brumbrum!

benzine
bababa

benzinestation
dada

verkeersbord
dadaba

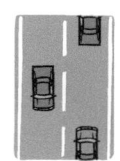

verkeer
badada

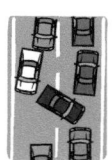

file
ado ado

parkeerplaats
babadada

station
babababa

sporen
dada

trein
dadaba

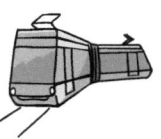

tram
baba

wagon
dadaba

helikopter

baba

luchthaven

baba

toren

dadaba

passagier

baba

container

badada

karton

dada

kar

baba

mand

dadadada

opstijgen / landen

da / bada

stad

dadaba

dorp

bababa

stadscentrum

dadababa

huis

dadaba

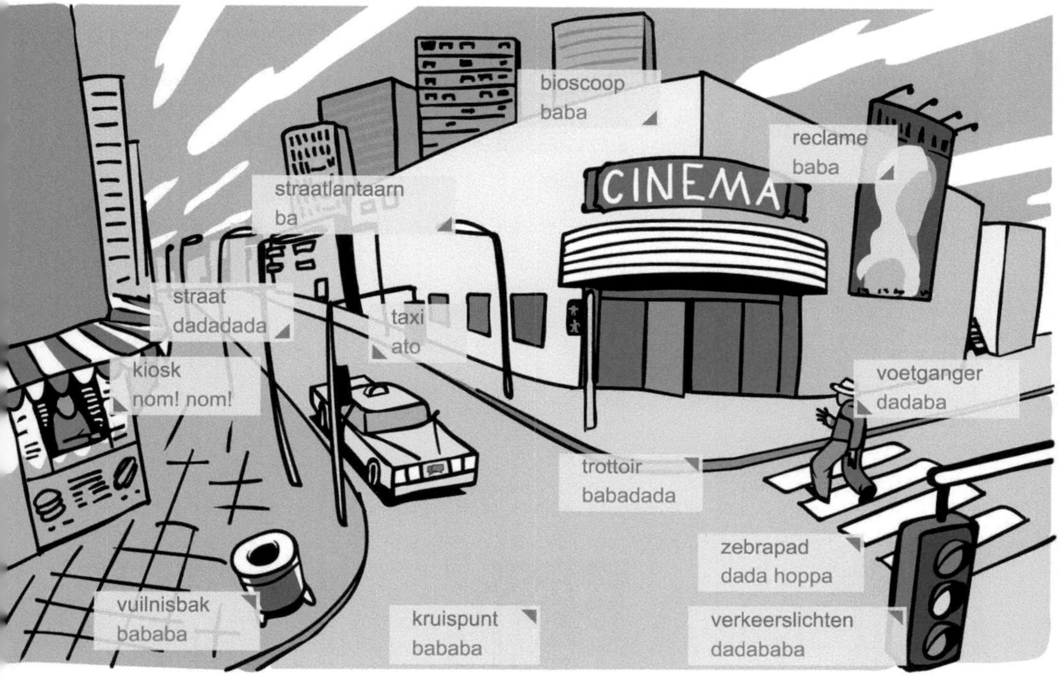

bioscoop
baba

reclame
baba

CINEMA

straatlantaarn
ba

straat
dadadada

taxi
ato

kiosk
nom! nom!

voetganger
dadaba

trottoir
babadada

zebrapad
dada hoppa

vuilnisbak
bababa

kruispunt
bababa

verkeerslichten
dadababa

hut
babadada

woning
dadadada

station
babababa

stadshuis
dadaba

museum
bababa

school
baba

universiteit

babababa

bank

dadadada

ziekenhuis

aua!

hotel

babadada

apotheek

aua!

kantoor

baba

boekwinkel

bababa

winkel

ba

bloemenwinkel

dadaba

supermarkt

dada nom nom

markt

dadadada

warenhuis

dadadada

vishandelaar

nom! nom!

winkelcentrum

baba

haven

ba

park
....
dadadada

bank
....
baba

brug
....
babababa

trap
....
dadadada

metro
....
bababa

tunnel
....
baba

bushalte
....
ba

bar
....
babababa

restaurant
....
nom nom!

brievenbus
....
dadaba

straatnaambord
....
dada

parkeermeter
....
baba

zoo
....
bababa

zwembad
....
dada

moskee
....
baba

boerderij

dadaba

milieuverontreiniging

dadababa

kerkhof

bababa

kerk

ba

speelplaats

dadababa

tempel

bababa

landschap
dada

blad
baba

wegwijzer
baba

weg
dada

weide
bababa

steen
baba

boom
dadababa

wandelaar
dada

rivier
bababa

gras
dada

bloem
mama!

vallei

badada

heuvel

bababa

meer

dadadada

bos

dadadada

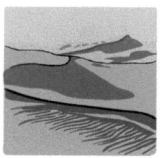

woestijn

dadababa

vulkaan

dadaba

kasteel

babababa

regenboog

dadaba

paddenstoel

bababa

palmboom

dadababa

mug

aua!

vlieg

badada

mier

dadababa

bijl

summ summ

spin

dada

kever

dadaba

kikker

quak

eekhoorn

dadababa

egel

dadaba

haas

baba

uil

gackgack

vogel

gackgack

zwaan

gackgack

wild zwijn

babadada

hert

dadadada

eland

dadadada

dam

dadadada

windturbine

ba

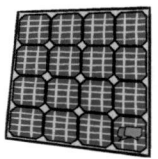

zonnepaneel

dadadada

klimaat

bababa

ober
dadadada

menu
baba

stoel
dadaba

soep
nom! nom!

pizza
nom nom!

tafelkleed
babababa

bestek
ba

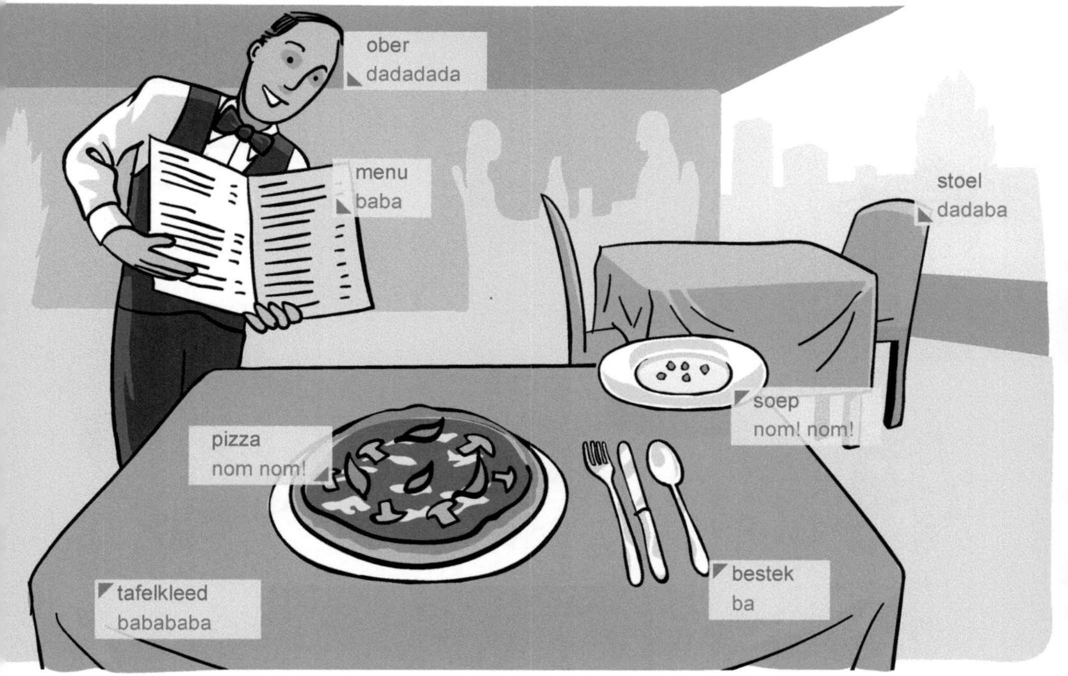

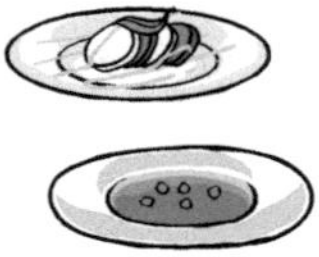

voorgerecht
....
nom! nom!

hoofdgerecht
....
nom! nom!

nagerecht
....
nom nom!

drankjes
....
dadababa

eten
....
nom nom!

fles
....
nom nom!

fastfood

nom! nom!

street food

nom! nom!

theepot

babababa

suikerpot

nom! nom!

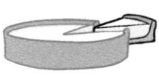

portie

nom nom!

espressomachine

dadaba

kinderstoel

bababa

rekening

ba

dienblad

bababa

mes

ba

vork

babadada

lepel

dadaba

theelepel

bababa

serviette

dadaba

glas

ba

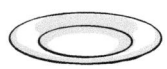

bord
....
nom nom!

soepbord
....
bababa

schoteltje
....
bababa

saus
....
nom! nom!

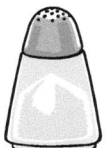

zoutvatje
....
dadadada

pepermolen
....
dadaba

azijn
....
bähbäh

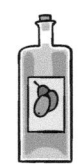

olie
....
dadababa

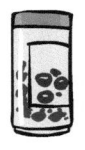

kruiden
....
dadababa

ketchup
....
nom! nom!

mosterd
....
nom! nom!

mayonaise
....
nom nom!

supermarkt
dada nom nom

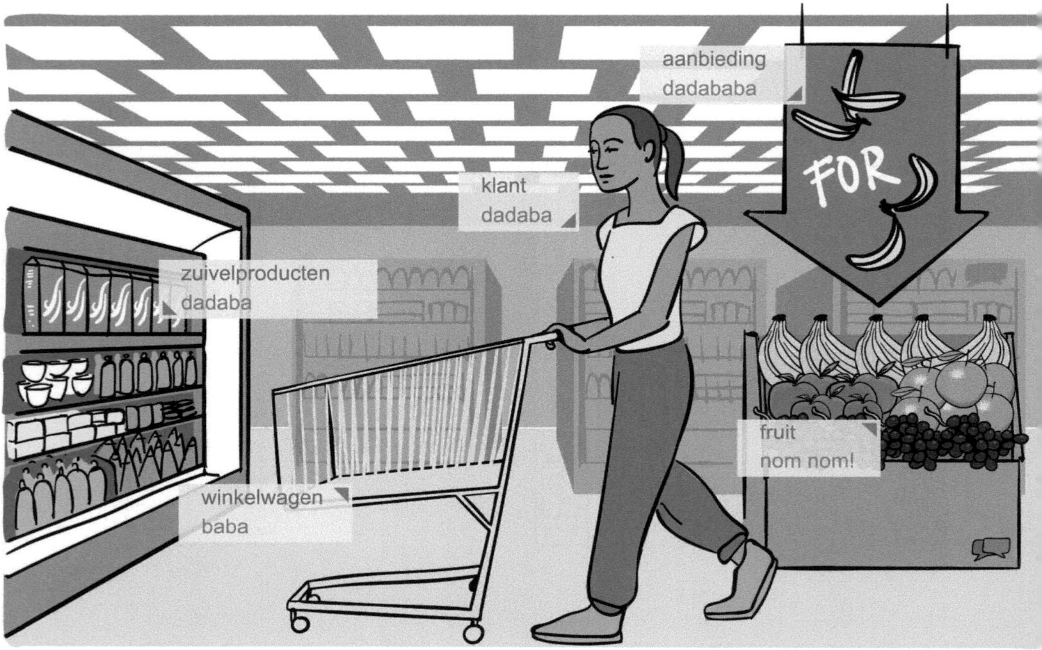

aanbieding
dadababa
FOR
klant
dadaba
zuivelproducten
dadaba
fruit
nom nom!
winkelwagen
baba

BUTCHERS

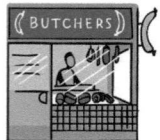

slagerij

dadaba

BAKERY

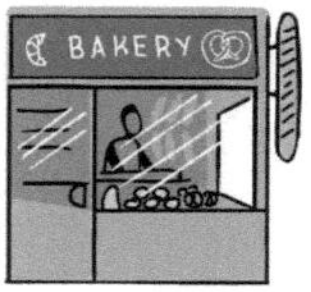

bakkerij

nom! nom!

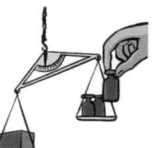

wegen

bababa

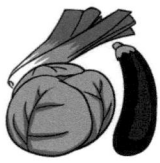

groenten

bähbäh

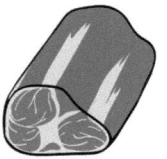

vlees

nom nom!

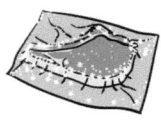

diepvriesvoedsel

nomnom

charcuterie
....
nom nom!

conserven
....
nomnom

waspoeder
....
bababa

snoep
....
baba

huishoudproducten
....
dadaba

schoonmaakproducten
....
dadababa

verkoopster
....
bababa

kassa
....
bababa

kassier
....
dadaba

boodschappenlijstje
....
dada

openingstijden
....
dadababa

portefeuille
....
baba

kredietkaart
....
babadada

tas
....
dadababa

plastieken zakje
....
dadababa

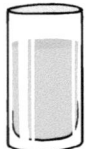

water
....
wasa

sap
....
dadadada

melk
....
badada

cola
....
ba

wijn
....
bababa

bier
....
dadadada

alcohol
....
dadaba

cacao
....
bababa

thee
....
dadababa

koffie
....
dada

espresso
....
dadaba

cappuccino
....
dadababa

banaan

nane

appel

nom nom!

sinaasappel

bababa

meloen

nom nom!

citroen

nom nom!

wortel

bähbäh

knoflook

bada meh

bamboe

dadaba

ajuin

dadaba

champignon

nom nom!

noten

nom nom!

noodles

nom nom!

spaghetti

nom nom!

rijst

nom nom!

salade

nom nom!

frieten

nom nom!

gebakken aardappelen

nom nom!

pizza

nom nom!

hamburger

nom nom!

sandwich

nom nom!

kalfslapje

nom nom!

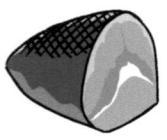

ham

nom nom!

salami

nom nom!

worst

nom nom!

kip

gack gack

braden

nom nom!

vis

nom nom!

havervlokken

nom nom!

muesli

bähbäh

cornflakes

nom nom!

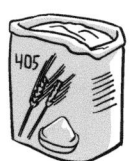

bloem

nom nom!

croissant

nom nom!

pistolet

babadada

brood

nom! nom!

toast

nom nom!

koekjes

nom nom!

boter

nom nom!

kwark

nom nom!

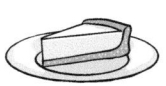

taart

nom nom

ei

dadaba

spiegelei

nom nom!

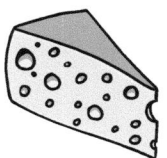

kaas

bada muh

ijs

nom nom!

suiker

nom nom!

honing

baba summ

confituur

nom nom!

choco

nom nom!

curry

babadada

boerderij
dadaba

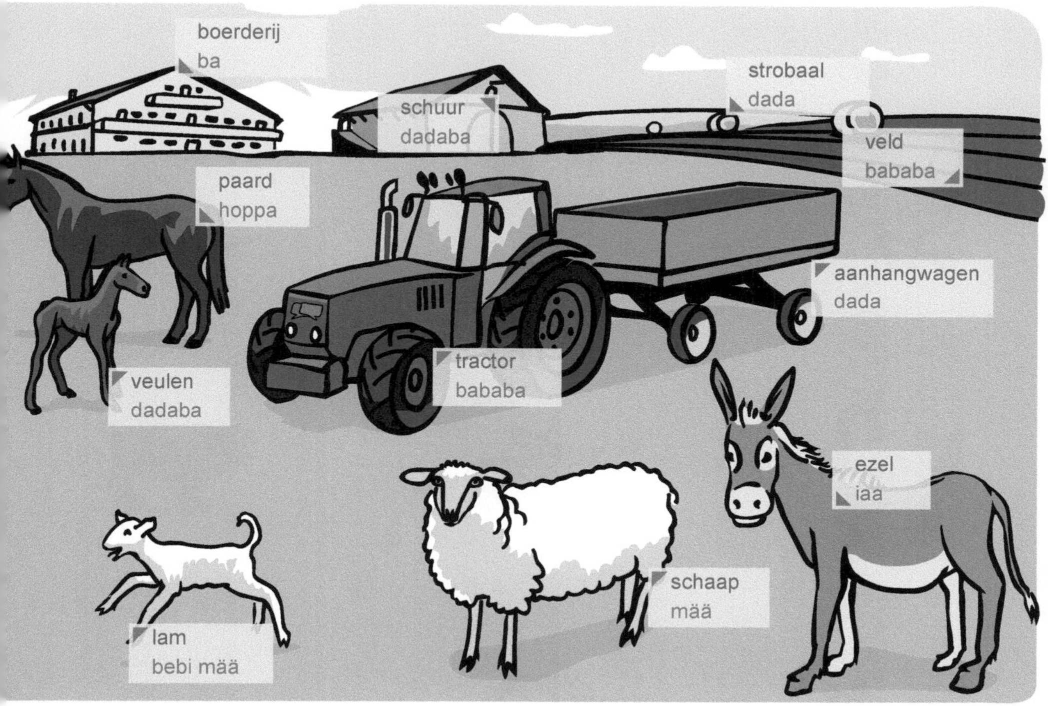
boerderij
ba
schuur
dadaba
strobaal
dada
veld
bababa
paard
hoppa
aanhangwagen
dada
veulen
dadaba
tractor
bababa
ezel
iaa
schaap
mää
lam
bebi mää

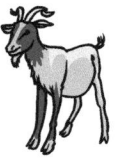

geit

baba

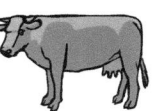

koe

muh

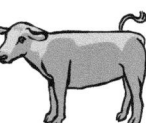

kalf

mimuh

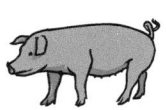

varken

mama oink

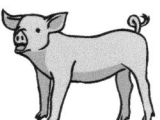

biggetje

oink

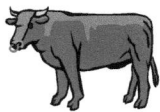

stier

dadadada

gans

gackgack

eend

gackquack

kuiken

gacki

kip

gackgack

haan

gacko

rat

dada

kat

mau

muis

bababa

os

muh

hond

wauwau

hondenhok

wauwau

tuinslang

baba

gieter

dadababa

zeis

baba

ploeg

dadababa

sikkel

baba

schoffel

dadadada

hooivork

dada

bijl

bababa

kruiwagen

babababa

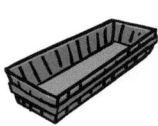

trog

baba

melkkan

dada muh

zak

dadababa

hek

badada

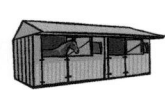

stal

dadadada

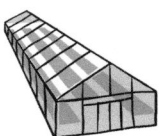

broeikas

ba

bodem

babadada

zaad

baba

mest

baba

maaidorser

dadababa

oogsten

bababa

oogst

dadadada

yam

dadaba

tarwe

dadababa

soja

dadababa

aardappel

bababa

maïs

badada

koolzaad

bababa

fruitboom

bababa

maniok

dadadada

graan

dadababa

huis
dadaba

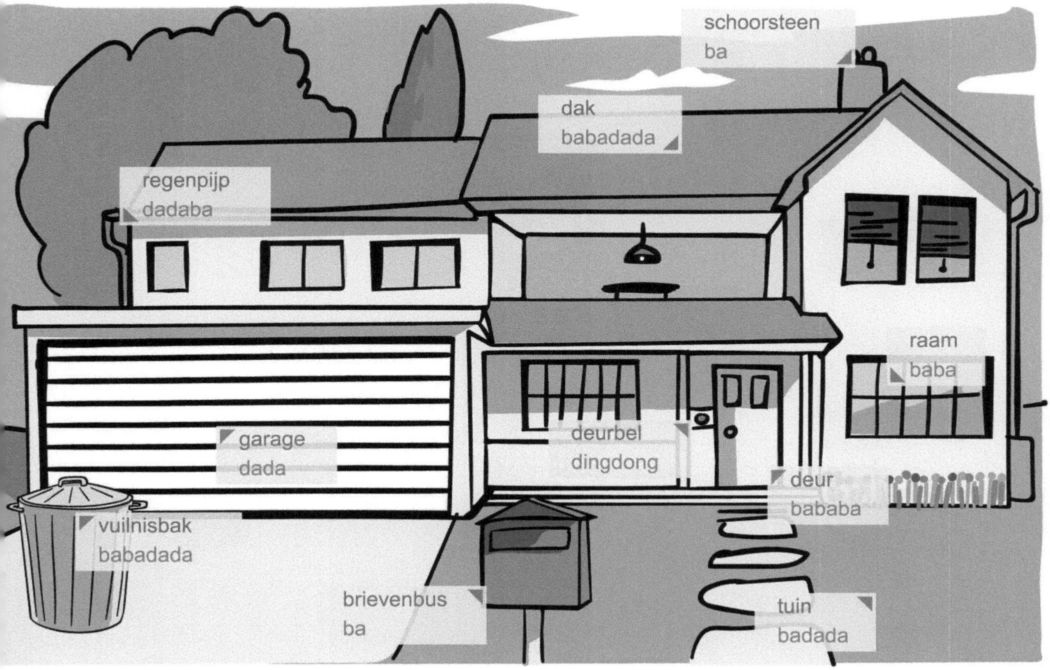

schoorsteen
ba
dak
babadada
regenpijp
dadaba
raam
baba
garage
dada
deurbel
dingdong
deur
bababa
vuilnisbak
babadada
brievenbus
ba
tuin
badada

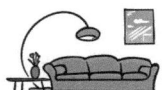

woonkamer
dadadada

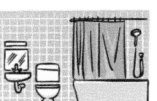

badkamer
bababa

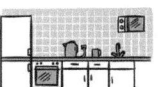

keuken
bababa

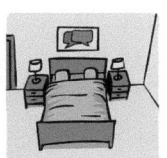

slaapkamer
dadababa

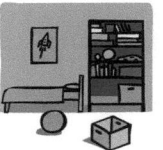

kinderkamer
meina

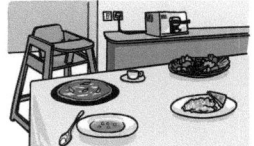

eetkamer
dadaba

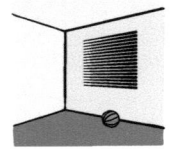

vloer

badada

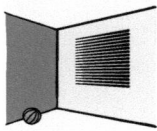

muur

dadababa

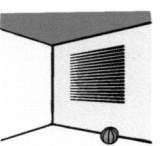

plafond

bababa

kelder

dada

sauna

dadababa

balkon

babababa

terras

dadadada

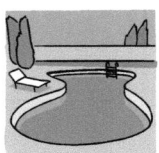

zwembad

bababa

grasmaaier

baba

dekbedovertrek

dadaba

dekbed

babadada

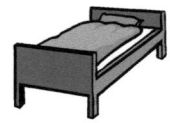

bed

heia!

bezem

dada

emmer

dadaba

schakelaar

dadababa

woonkamer
dadadada

behangpapier
dadadada
foto
badada
lamp
badada
schap
dadadada
kast
ba
televisie
dada gucki
open haard
dadababa
bloem
mama!
kussen
baba
sofa
dada
vaas
dadaba
afstandsbediening
baba

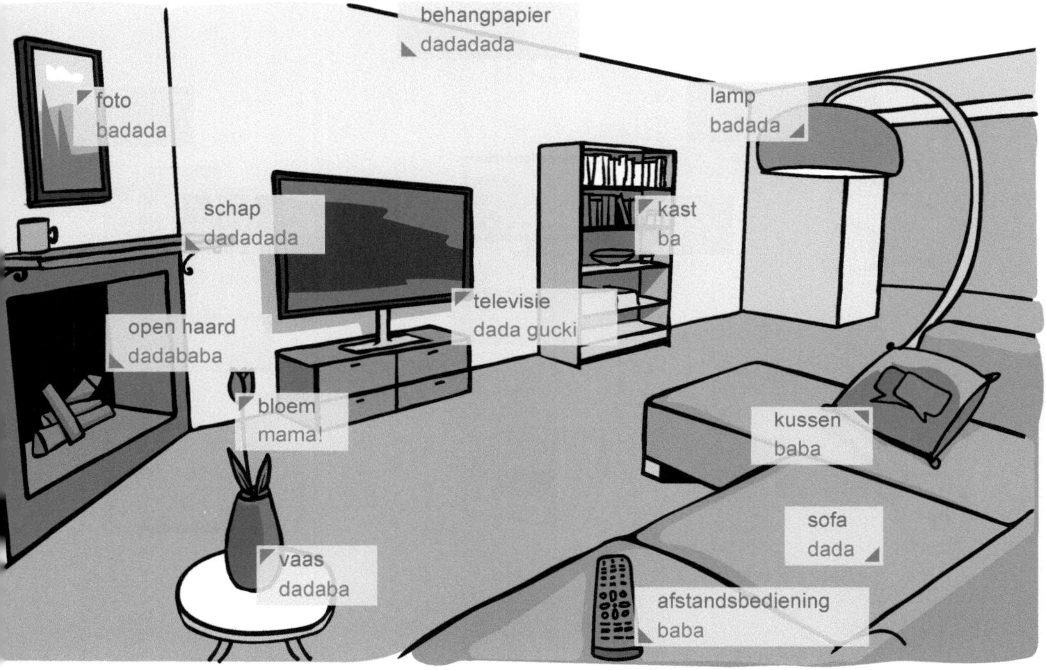

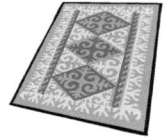

mat

dada

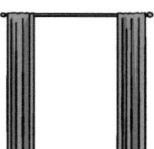

gordijn

bababa

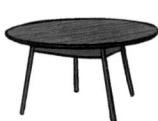

tafel

ba

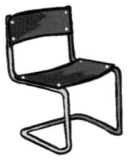

stoel

dadaba

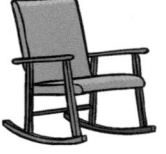

schommelstoel

dadadada

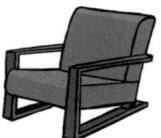

fauteuil

bababa

boek

dadaba

deken

dadadada

decoratie

dadaba

brandhout

ba

film

dadadada

stereo-installatie

lala

sleutel

babadada

krant

dadadada

schilderij

dadadada

poster

bababa

radio

lala

notitieboekje

dadababa

stofzuiger

babadada

cactus

aua!

kaars

babadada

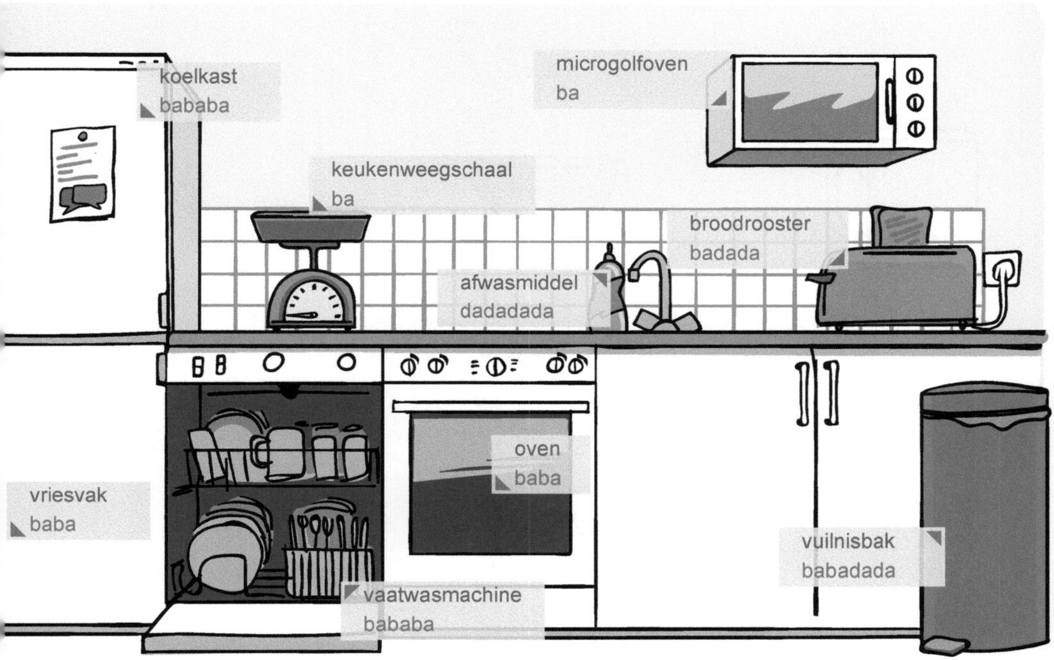

koelkast
bababa

microgolfoven
ba

keukenweegschaal
ba

broodrooster
badada

afwasmiddel
dadadada

vriesvak
baba

oven
baba

vuilnisbak
babadada

vaatwasmachine
bababa

fornuis
....
dada

pot
....
dada

gietijzeren pot
....
dada

wok / kadai
....
baba / dada

pan
....
badada

waterkoker
....
ba

stoomkoker

dadababa

bakplaat

bababa

servies

dadaba

mok

dadadada

kom

dadaba

eetstokjes

baba

pollepel

dadaba

spatel

dadadada

garde

badada

vergiet

dada

zeef

bababa

rasp

baba

mortier

dadababa

barbecue

dada

haardvuur

aua!

snijplank

dadababa

deegrol

babababa

kurkentrekker

dadababa

blik

dadadada

blikopener

bababa

pannenlap

dadababa

gootsteen

dadadada

borstel

dadababa

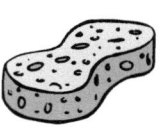

spons

ba

blender

aua!

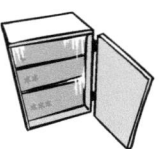

vriezer

babadada

papfles

bababa

kraan

dadadada

badkamer

bababa

verwarming
babadada

douche
bababa

handdoek
ba

douchegordijn
babababa

bubbelbad
wasa

badkuip
baba

glas
ba

wasmachine
baba

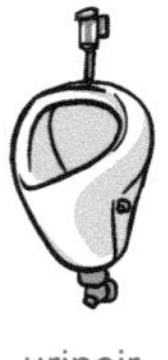

kraan
dadadada

tegels
badada

kinderpo
kaka

gootsteen
dadadada

toilet	hurktoilet	bidet
kaka	ba	dadababa
urinoir	toiletpapier	toiletborstel
dadababa	kaka	bababa

38

badkamer - bababa

tandenborstel

bababa

tandpasta

nom! nom!

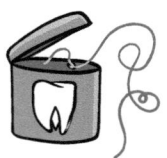

flosdraad

dadadada

wassen

bababa

handdouche

babababa

bidethanddouche

dadadada

waskom

badada

rugborstel

dadadada

zeep

nom! nom!

douchegel

nom! nom!

shampoo

nom! nom!

washandje

babadada

afvoer

dadaba

crème

nom! nom!

deodorant

babababa

spiegel

dadadada

handspiegel

dadadada

scheermes

ba

scheerschuim

nom! nom!

aftershave

nam! nam!

kam

dadababa

borstel

baba

haardroger

dadadada

haarlak

badada

make-up

dadaba

lippenstift

mama!

nagellak

ba

watten

bababa

nagelknipper

dadadada

parfum

bababa

toilettas

dadadada

kruk

bababa

weegschaal

dadadada

badjas

ba

latex handschoenen

babababa

tampon

ba

maandverband

bababa

chemisch toilet

baba

kinderkamer

meina

wekker
bababa
knuffel
bababa
speelgoedauto
auto
rammelaar
dadadada
poppenhuis
bababa
geschenk
babababa

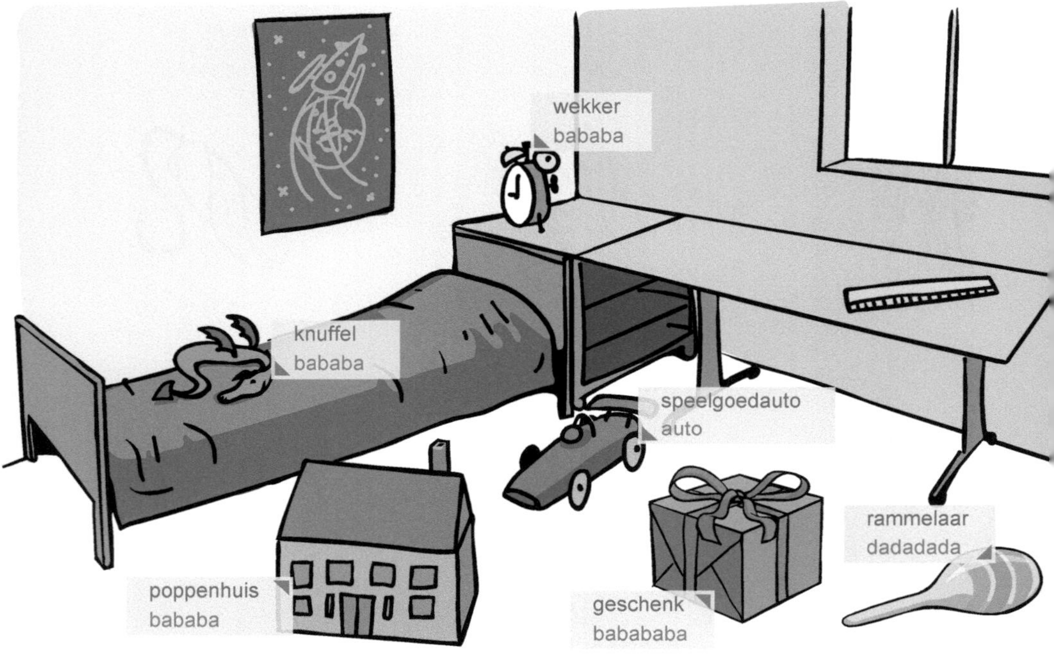

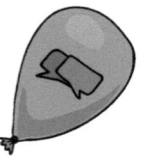

ballon

dadadada

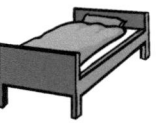

bed

heia!

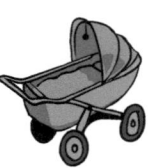

kinderwagen

dadaba

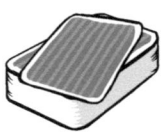

spel kaarten

dadababa

puzzel

bababa

SUPER
MEGA

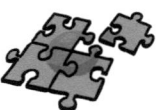

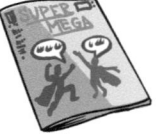

stripboek

dadababa

legoblokjes

badada

blokken

badada

actiefiguur

dada

kruippakje

dadadada

frisbee

dadaba

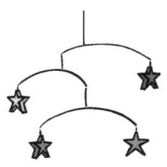

mobiel

dadaba

bordspel

ba

dobbelsteen

baba

modelspoorweg

dadababa

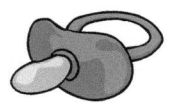

fopspeen

lula

feest

baba

prentenboek

dadaba

bal

dada

pop

dada

spelen

badada

zandbak

dadaba

schommel

babababa

speelgoed

dadababa

spelconsole

dadaba

driewieler

babadada

knuffelbeer

dadababa

kleerkast

dadaba

kleding
baba

sokken

dadadada

kousen

ba

maillot

dada

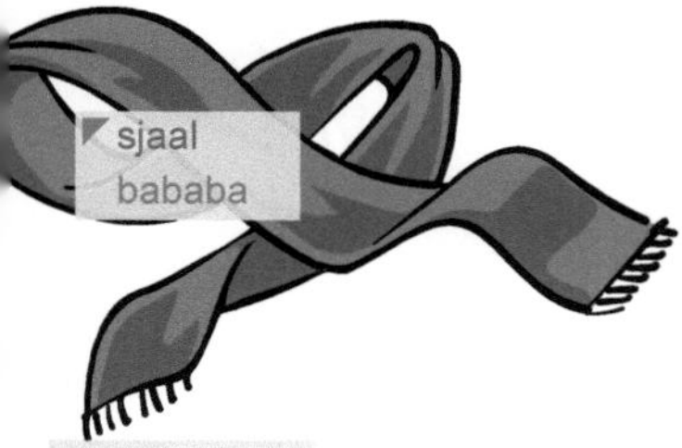

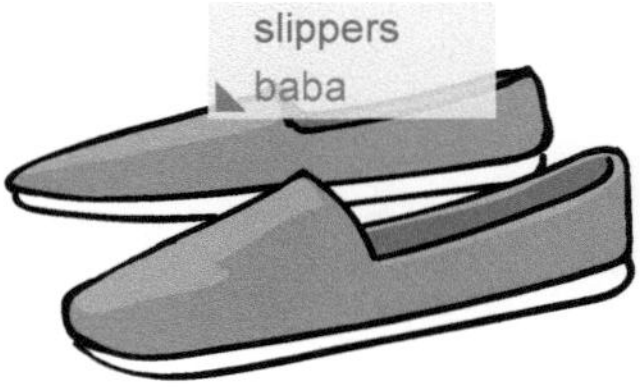

sjaal
bababa

paraplu
bababa

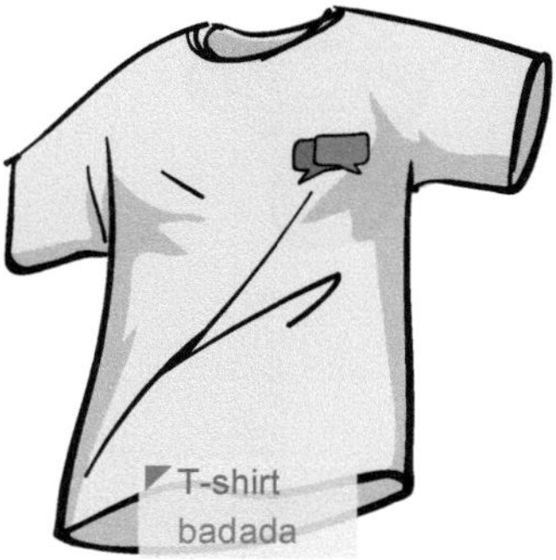

T-shirt
badada

riem
dadababa

laarzen
baba

slippers
baba

sneakers
ba

sandalen

bababa

schoenen

badada

rubberlaarzen

dada

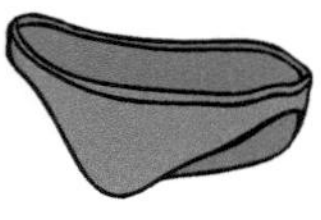

onderbroek

ba

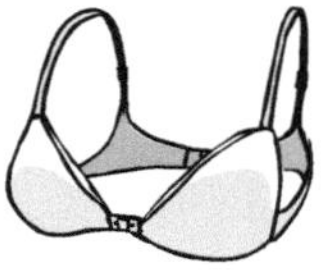

beha

baba

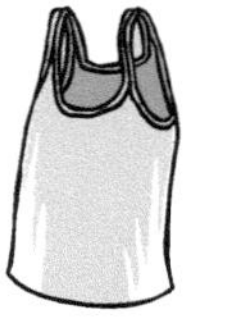

onderhemd

dadadada

lichaam

badada

broek

ba

jeans

bababa

rok

dada

blouse

bababa

hemd

dadadada

trui

baba

capuchontrui

baba

blazer

babadada

jas

baba

jas

bababa

regenjas

dadababa

kostuum

bababa

jurk

ba

trouwjurk

dadaba

pak
....
dadadada

nachthemd
....
babababa

pyjama
....
heia

sari
....
baba

hoofddoek
....
dadadada

tulband
....
dada

boerka
....
dada

kaftan
....
baba

abaya
....
dadadada

badpak
....
wasa

zwembroek
....
bababa

short
....
dadababa

trainingspak
....
bababababa

schort
....
baba

handschoenen
....
babababa

knoop

dadaba

bril

babadada

armband

dada

ketting

dadababa

ring

bababa

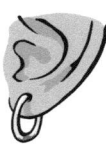

oorbel

dadababa

pet

dada

kapstok

babadada

hoed

dadababa

das

bababa

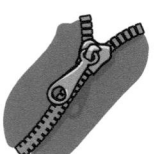

rits

badada

helm

dadaba

bretellen

dada

schooluniform

babadada

uniform

babababa

slabbetje
namnam

fopspeen
lula

luier
kaka!

kantoor
baba

server
dadaba

dossierkast
dadababa

printer
badada

monitor
dadadada

papier
dadadada

muis
baba

bureau
ba

map
dadaba

toestenbord
dada

papiermand
babadada

stoel
bababa

computer
dada

koffiemok
dada

rekenmachine
bababa

internet
da da

laptop	brief	bericht
papa!	dadababa	ba

gsm	netwerk	kopieerapparaat
fon	bababa	ba

software	telefoon	stopcontact
bababa	dada bing	aua!
	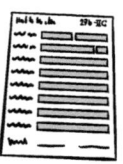	
fax	formulier	document
bababa	dadaba	bababa

kopen

baba

betalen

dadadada

handelen

dadaba

geld

badada

 USD

dollar

babadada

 EUR

euro

dadaba

 JPY

yen

bababa

 RUB

roebel

ba

 CHF

Zwitserse frank

dada

 CNY

Chinese renminbi

dada

 INR

roepie

ba

geldautomaat

ba

wisselkantoor

dadadada

goud

dadadada

zilver

baba

olie

dadadada

energie

ba

prijs

dadadada

contract

baba

belasting

bababa

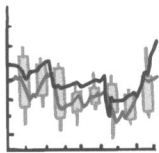

aandeel

dadadada

werken

dadaba

werknemer

dadadada

werkgever

dadababa

fabriek

dadaba

winkel

ba

beroepen

ba

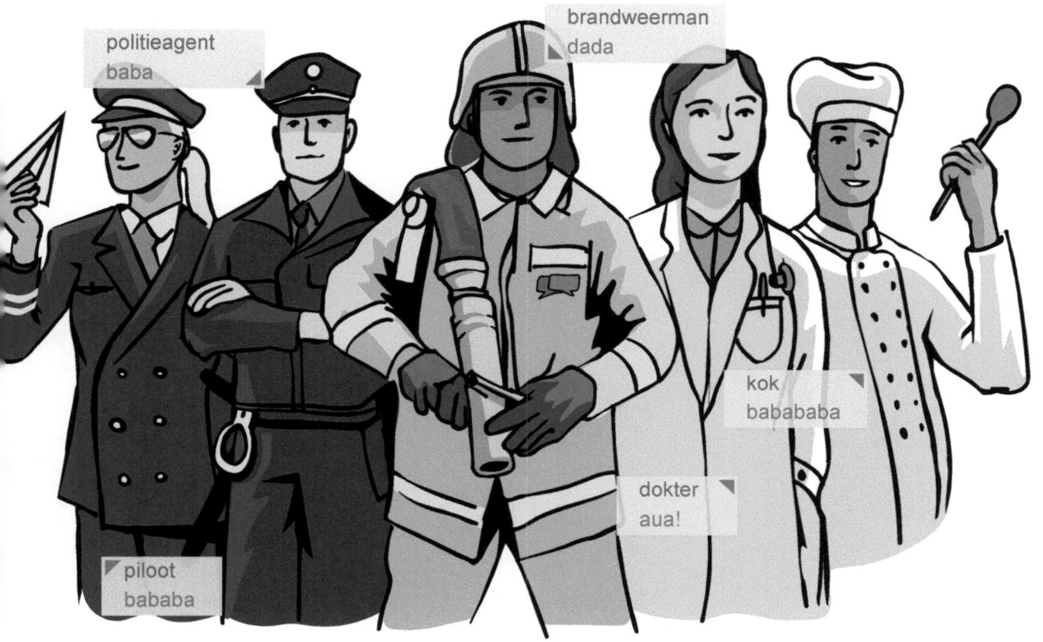
politieagent
baba
brandweerman
dada
kok
babababa
dokter
aua!
piloot
bababa

tuinman

bababa

timmerman

bababa

naaister

baba

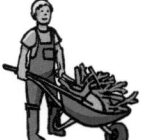

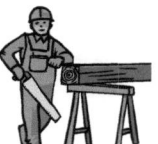

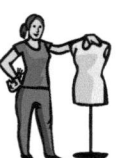

rechter

bababa

chemicus

dadaba

acteur

dadababa

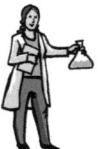

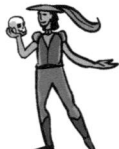

buschauffeur

ba

taxichauffeur

auto mann

visser

bababa

schoonmaakster

dadadada

dakdekker

dadadada

ober

dadadada

jager

badada

schilder

dadadada

bakker

dadababa

elektricien

papa!

bouwvakker

babababa

ingenieur

bababa

slager

dadababa

loodgieter

dadadada

postbode

bababa

soldaat

dadadada

architect

ba

kassier

dadaba

bloemist

bababa

kapper

babadada

conducteur

bababa

mecanicien

dadaba

kapitein

dada

tandarts

badada

wetenschapper

ba

rabbijn

bababa

imam

dadaba

monnik

dada

geestelijke

dadadada

werktuigen
dada

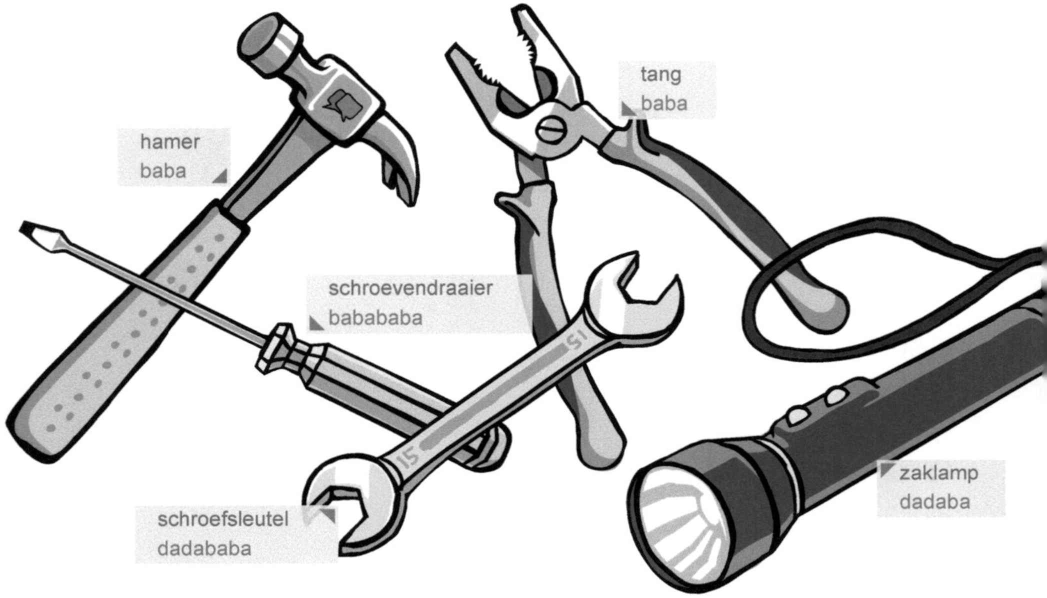

hamer
baba
tang
baba
schroevendraaier
babababa
schroefsleutel
dadababa
zaklamp
dadaba

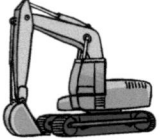

graafmachine

dadaba

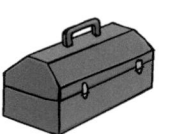

gereedschapskoffer

baba

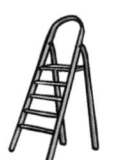

ladder

babababa

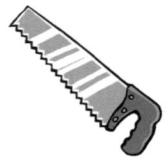

zaag

dadaba

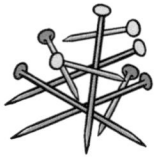

spijkers

babadada

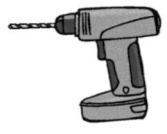

boormachine

dada

repareren

dadababa

schop

dada

Verdomme!

aua!

blik

dada

verfpot

dadaba

schroeven

babababa

muziekinstrumenten
bababa

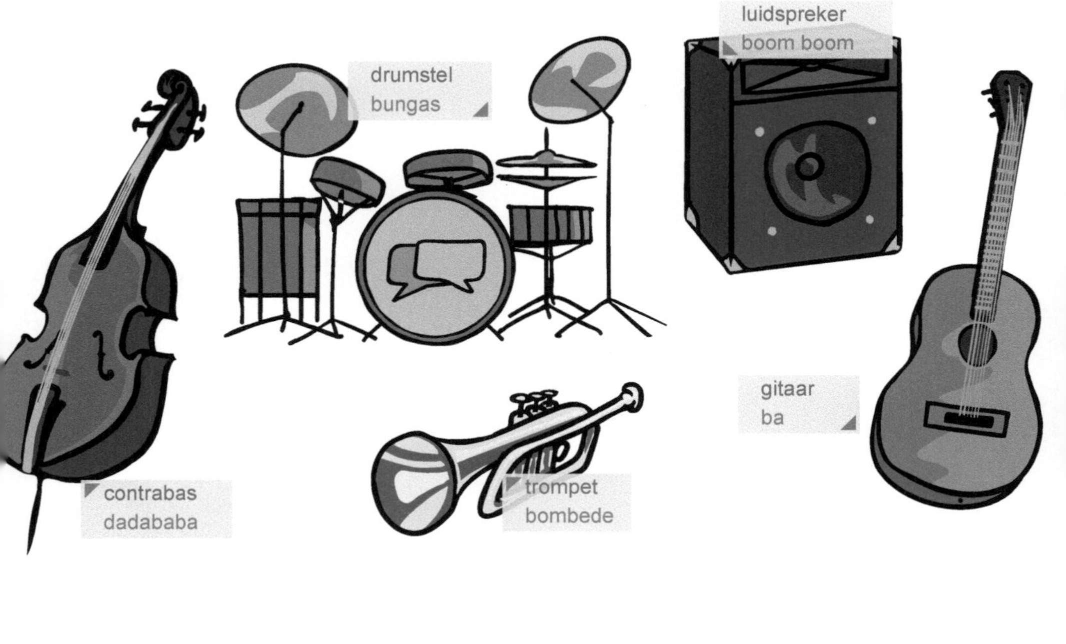

luidspreker
boom boom

drumstel
bungas

gitaar
ba

contrabas
dadababa

trompet
bombede

piano

bingbing

viool

bababa

basgitaar

ba

pauk

badada

trommels

bunga bunga

keyboard

badada

saxofoon

dadababa

fluit

dadababa

microfoon

dadadada

ingang
baba

tijger
dada mau

kooi
bababa

zebra
dadababa

diereneten
babadada

panda
dada

dieren
dadadada

olifant
bababa

kangoeroe
dadaba

neushoorn
babadada

gorilla
dada

beer
babababa

kameel

dadaba

struisvogel

gackgack

leeuw

babadada

aap

dadaba

flamingo

gackgack

papegaai

bababa

ijsbeer

bababa

pinguïn

dada

haai

bababa

pauw

dadaba

slang

badada

krokodil

babababa

dierenverzorger

dadadada

zeehond

dada

jaguar

bababa

pony

ei!

luipaard

dadadada

nijlpaard

dada

giraffe

babababa

adelaar

bababa

wild zwijn

babadada

vis

nom nom!

zeeschildpad

dadadada

walrus

anje

vos

dadadada

gazelle

bababa

rugby
dadababa

wielrennen
dadaba

tennis
bum bum

basketbal
ball

zwemmen
badada

boksen
aua!

ijshockey
baba

voetbal
dadadada

badminton
badada

atletiek
dadababa

handbal
ball

skiën
dadadada

polo
baba

activiteiten
dadadada

lachen
baba
springen
dada
knuffelen
bababa
wandelen
dada
zingen
dadababa
dromen
dadababa
bidden
dadadada
kussen
mama!

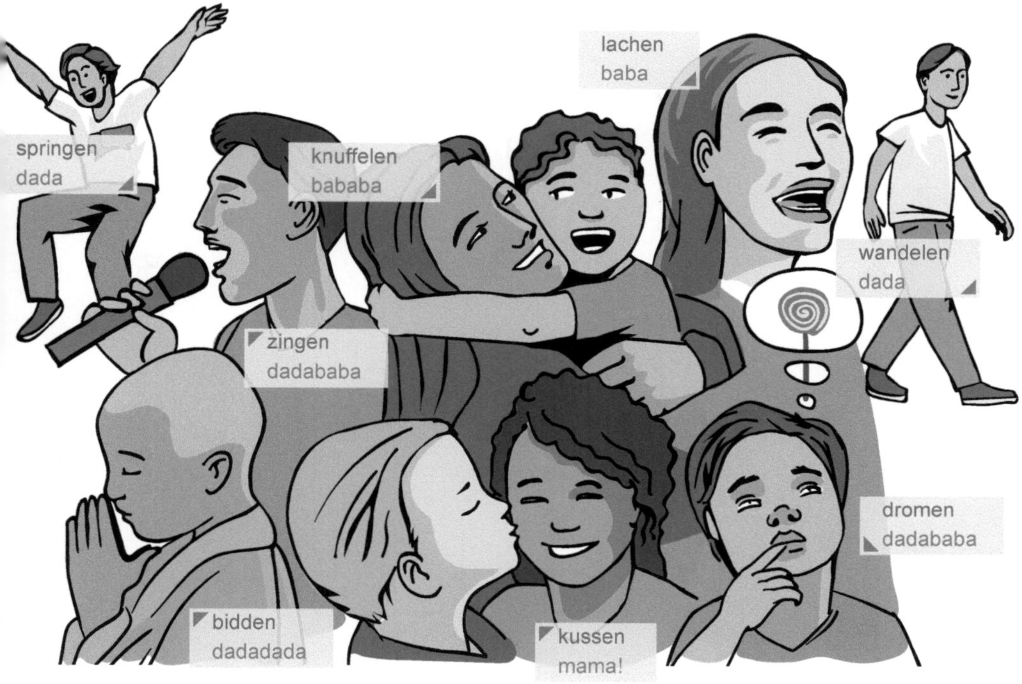

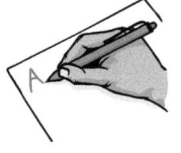

schrijven

dadaba

tekenen

dada

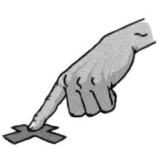

tonen

dadababa

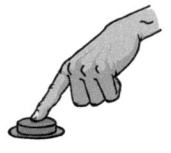

duwen

dada

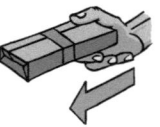

geven

badada

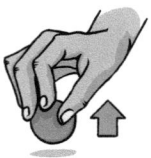

nemen

dadaba

hebben

dadaba

doen

dadadada

zijn

babadada

staan

dadadada

lopen

baba

trekken

dadababa

gooien

dadadada

vallen

dadaba

liggen

badada

wachten

dadaba

dragen

bababa

zitten

ba

aankleden

dadababa

slapen

heia!

ontwaken

bababa

kijken naar
....
babababa

wenen
....
baaaaaa

aaien
....
dadadada

kammen
....
bababa

praten
....
bababa

begrijpen
....
baba

vragen
....
badada

luisteren
....
dadababa

drinken
....
bababa

eten
....
nomnom!

opruimen
....
badada

houden van
....
ba

koken
....
badada

rijden
....
dadababa

vliegen
....
dadadada

zeilen

dadababa

rekenen

dadababa

Lezen

dadadada

leren

dadababa

werken

dadaba

trouwen

baba

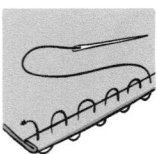

naaien

dada

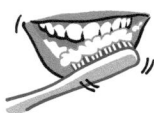

tandenpoetsen

aua!

doden

aua!

roken

dadababa

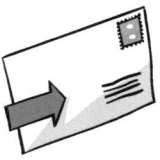

sturen

babababa

grootmoeder
oma!

grootvader
opa!

vader
papa!

moeder
mama!

baby
bebi

dochter
ba

zoon
badada

gast
baba

tante
ba

oom
bababa

broer
nein!

zus
nein!

lichaam
dadababa

voorhoofd
bababa
oog
dada
schouder
bababa
vinger
dada
gezicht
dada
kin
dadababa
hand
baba
been
dadaba
borst
da
arm
bababa

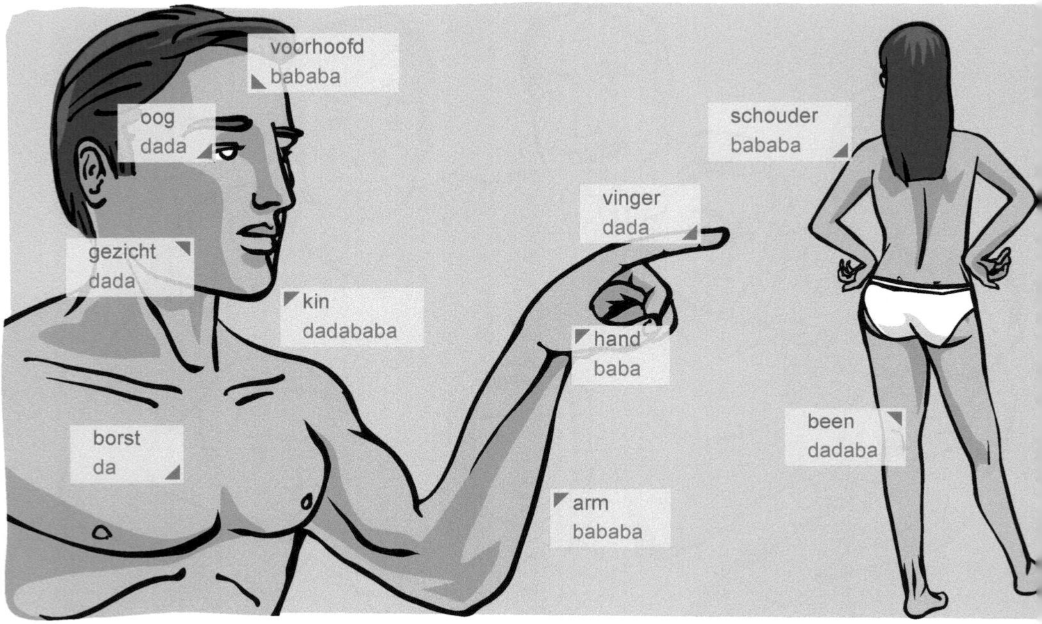

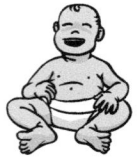

baby

bebi

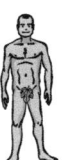

man

papa!

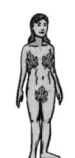

vrouw

mama

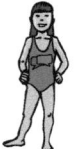

meisje

baba

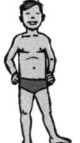

jongen

babadada

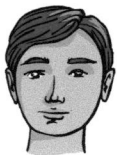

hoofd

bababa

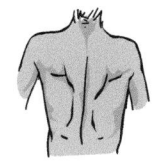

rug

baba

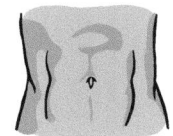

buik

dadababa

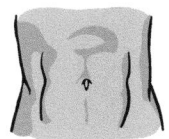

navel

dada

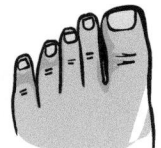

teen

dadababa

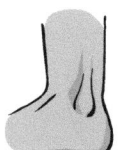

hiel

ba

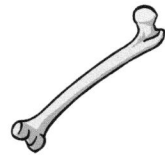

bot

badada

heup

bababa

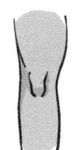

knie

dada

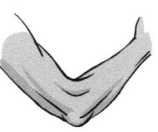

elleboog

dadadada

neus

bababa

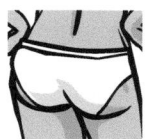

zitvlak

popo

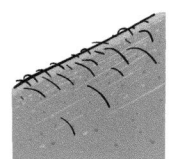

huid

dadaba

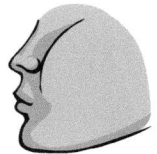

wang

badada

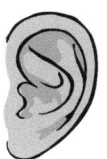

oor

dada

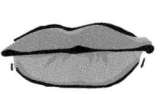

lip

babababa

mond
dadababa

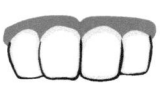

tand
dadadada

tong
baba

hersenen
dadadada

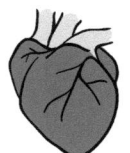

hart
baba

spier
dada

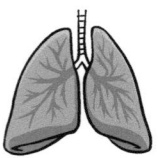

long
dada

lever
dada

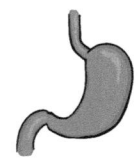

maag
dadababa

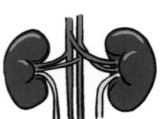

nieren
dadaba

seks
babadada

condoom
dada

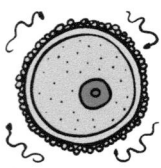

eicel
badada

sperma
dadababa

zwangerschap
dadababa

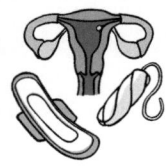

menstruatie
ba

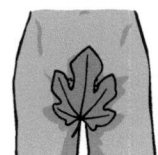

vagina
mumu

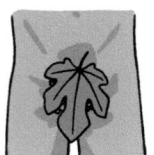

penis
pipi

wenkbrauw
dada

haar
dadababa

nek
bababa

ziekenhuis
aua!

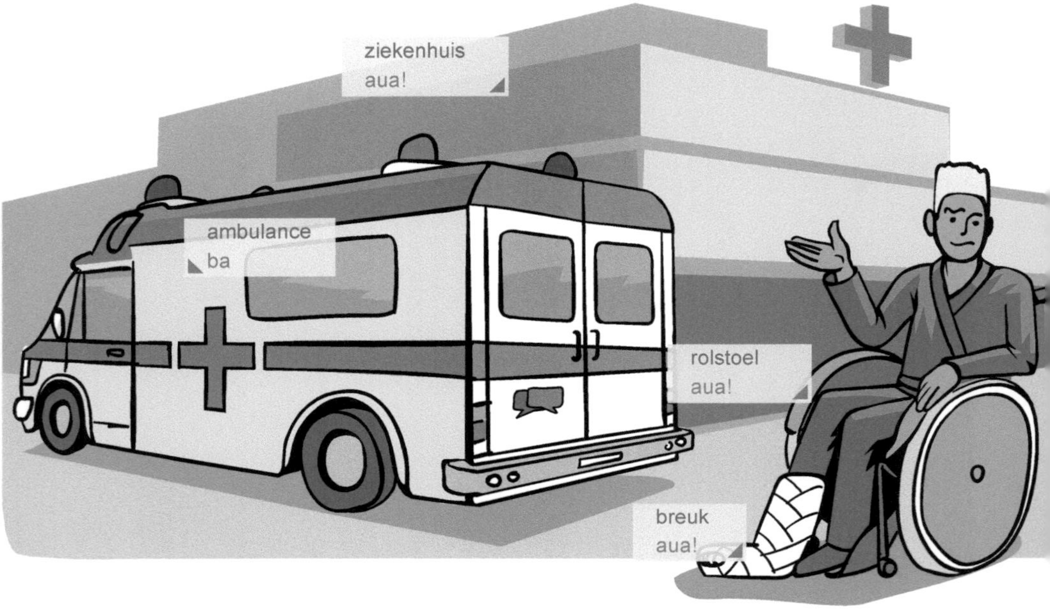

ambulance
ba

rolstoel
aua!

breuk
aua!

dokter

aua!

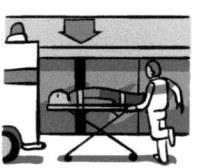

spoed

aua!

verpleegkundige

aua!

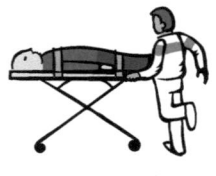

noodgeval

aua!

bewusteloos

aua!

pijn

dadababa

verwonding

aua!

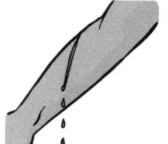

bloeding

dadadada

hartaanval

aua!

beroerte

aua!

allergie

dadababa

hoest

aua!

koorts

aua!

griep

aua!

diarree

aua!

hoofdpijn

aua!

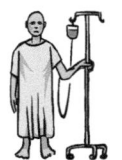

kanker

aua!

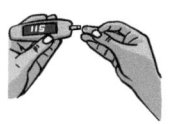

diabetes

aua!

chirurg

aua!

scalpel

aua!

operatie

aua!

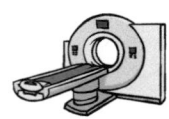

CT

aua!

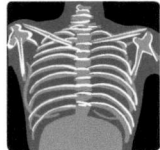

röntgenstraal

aua!

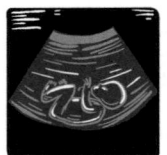

ultrageluid

aua!

gezichtsmasker

aua!

ziekte

aua!

wachtkamer

aua!

kruk

aua!

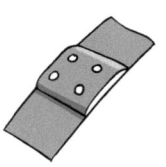

pleister

aua!

verband

dadababa

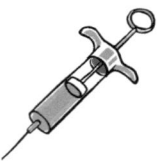

injectie

aua!

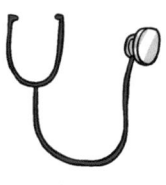

stethoscoop

aua!

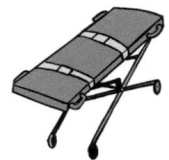

brancard

aua!

thermometer

aua!

geboorte

aua! bebi!

overgewicht

aua!

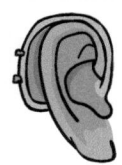

hoorapparaat

aua!

ontsmettingsmiddel

aua!

infectie

aua!

virus

aua!

HIV / AIDS

aua!

medicijn

aua!

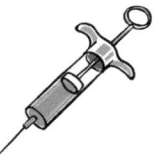

vaccinatie

aua!

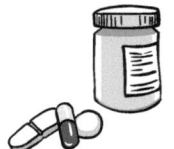

tabletten

aua!

pil

dadaba

noodoproep

aua!

bloeddrukmeter

aua!

ziek / gezond

da / ba

Help!

aua!

alarm

aua!

overval

aua!

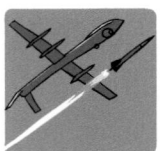

aanval

aua!

gevaar

aua!

nooduitgang

dadadada

Brand!

dadaba

brandblusser

dadaba

ongeval

aua! aua!

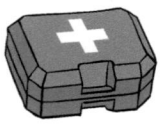

EHBO-kit

aua!

SOS

baba

politie

dadadada

Europa

badada

Noord-Amerika

dadaba

Zuid-Amerika

dadababa

Afrika

dadaba

Azië

dadaba

Australië

bababababa

Atlantische Oceaan

badada

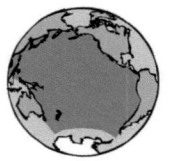

Stille Oceaan

dadaba

Indische Oceaan

baba

Antarctische Oceaan

bababa

Arctische Oceaan

dadababa

Noordpool

bababa

Zuidpool

dadababa

Antarctica

dadaba

aarde

dada

land

dadaba

zee

badada

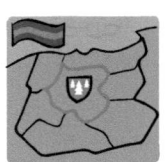

eiland

dadadada

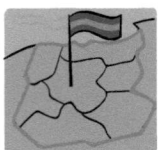

natie

dadadada

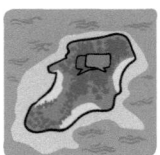

staat

dadababa

wijzerplaat

baba

uurwijzer

babadada

minuutwijzer

baba

secondewijzer

bababa

Hoe laat is het?

dadababa

dag

babadada

tijd

dada

nu

baba

digitale horloge

dadababa

minuut

dadababa

uur

bababa

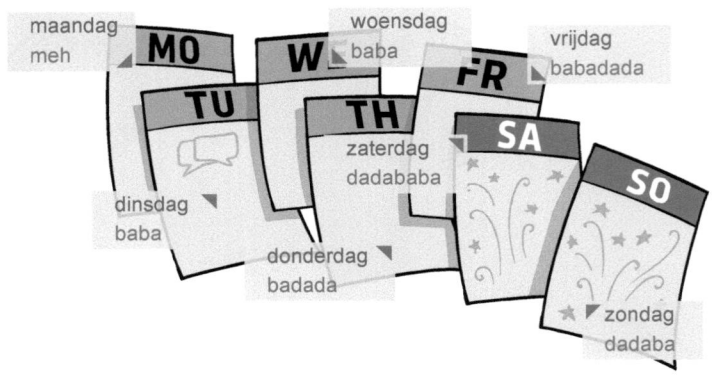

maandag
meh

woensdag
baba

vrijdag
babadada

zaterdag
dadababa

dinsdag
baba

donderdag
badada

zondag
dadaba

gisteren
dadadada

vandaag
dadababa

morgen
dadaba

ochtend
baba

middag
baba

avond
dadadada

werkdagen
dada

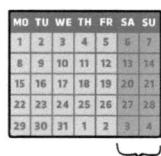

weekend
baba

regen
dadababa

regenboog
dadaba

sneeuw
kalt

wind
dadadada

lente
dadadada

herfst
bababa

zomer
badada

winter
kalt

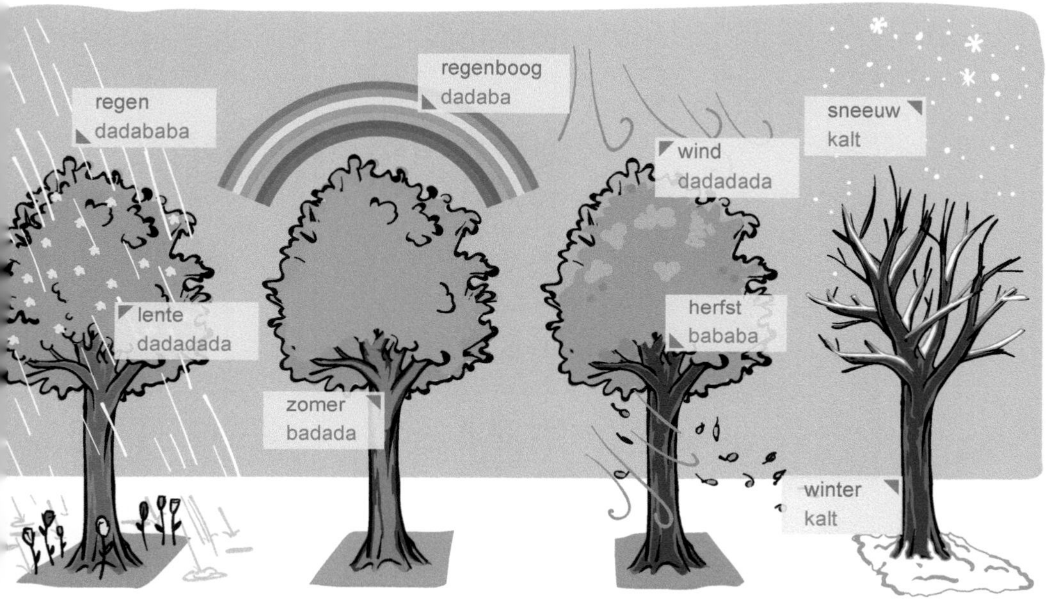

weervoorspelling
dadababa

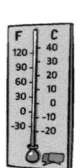

thermometer
bababa

zonneschijn
ba

wolk
baba

mist
dadadada

vochtigheid
dada

bliksem

dadababa

donder

dada

storm

badada

hagel

dadababa

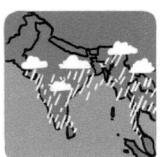

moesson

bababa

overstroming

dadaba

ijs

dadadada

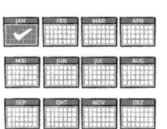

januari

dadaba

februari

dadaba

maart

bababa

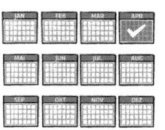

april

dadadada

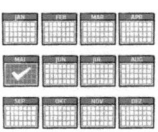

mei

dadadada

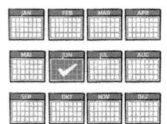

juni

bababababa

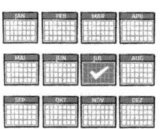

juli

baba

augustus

bababa

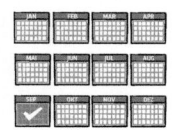

september
....
dadadada

oktober
....
badada

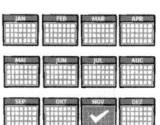

november
....
dadababa

december
....
baba

vormen
dadababa

cirkel
....
baba

kwadraat
....
badada

rechthoek
....
dadababa

driehoek
....
babababa

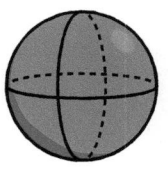

bol
....
dadadada

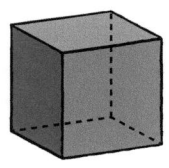

kubus
....
babababa

dadababa

wit

dadababa

geel

babababa

oranje

baba

roze

dadadada

rood

babadada

paars

dadababa

blauw

dadadada

groen

ba

bruin

baba

grijs

bababa

zwart

badada

veel / weinig

da / ba

boos / kalm

da / ba

mooi / lelijk

da / ba

begin / einde

da / ba

groot / klein

da / ba

licht / donker

da / ba

broer / zus

da / ba

proper / vuil

da / ba

volledig / onvolledig

da / bada

dag / nacht

da / ba

dood / levend

da / ba

breed / smal

da / ba

eetbaar / oneetbaar

da / ba

kwaadaardig / vriendelijk

da / ba

opgewonden / verveeld

ba / ba

dik / dun

da / ba

eerst / laatst

ba / ba

vriend / vijand

da / bada

vol / leeg

da / ba

hard / zacht

da / ba

zwaar / licht

da / ba

honger / dorst

da / bada

ziek / gezond

da / ba

illegaal / legaal

da / ba

intelligent / dom

da / ba

links / rechts

ba / ba

dichtbij / veraf

da / ba

nieuw / gebruikt

da / bada

niets / iets

da / ba

oud / jong

ba / ba

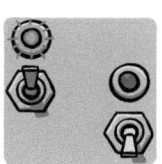

aan / uit

da / ba

open / dicht

da / ba

stil / luid

da / ba

rijk / arm

ba / ba

juist / fout

da / ba

ruw / glad

da / ba

droevig / blij

ba / ba

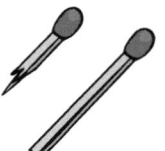

kort / lang

da / ba

traag / snel

da / ba

nat / droog

da / bada

warm / koud

da / bada

oorlog / vrede

da / ba

0

nul

dada

1

één

a

2

twee

ba

3

drie

da ba da

4

vier

badabada

5

vijf

dadababa

6

zes

dadaba

7

zeven

badada

8

acht

dadababa

9

negen

dadaba

10

tien

dadadada

11

elf

badada

12

twaalf

baba

13

dertien

bababa

14

veertien

baba

15

vijftien

babadada

16

zestien

dadababa

17

zeventien

babababa

18

achtien

dadababa

19

negentien

bababa

20

twintig

dadababa

100

honderd

baba

1.000

duizend

baba

1.000.000

miljoen

dadababa

dadadada

Engels

baba

Amerikaans Engels

babadada

Chinees (Mandarijn)

dadababa

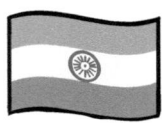

Hindi

ba

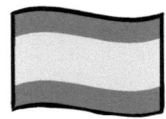

Spaans

badada

Frans

ohlala

Arabisch

babadada

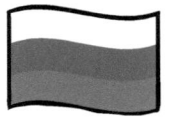

Russisch

dadaba

Portugees

dada

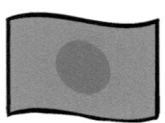

Bengali

dadadada

Duits

badada

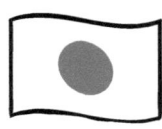

Japans

dadadada

ik

a

u

dadadada

hij / zij / het

da / da / da

wij

o ba ma

u

babababa

ze

baba

wie?

dadadada

wat?

dadadada

hoe?

baba

waar?

babababa

wanneer?

babadada

naam

dadaba

bababab a

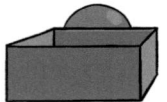

achter

baba

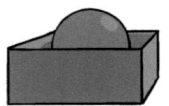

in

dadaba

voor

baba

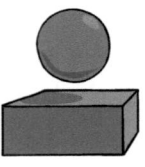

boven

ba

op

baba

onder

dadababa

naast

babababa

tussen

ba

plaats

dada